gespräche mit jonas

..machen Mut zum Leben

Mein guter Draht nach oben

Der Himmel bleibt mein bester Ratgeber

Wolfgang Nicolaus

Bibliografische Information der Deutschen
Nationalbibliothek:
Die Deutsche Nationalbibliothek verzeichnet diese
Publikation in der Deutschen Nationalbibliografie;
detaillierte bibliografische Daten sind im Internet über
http://dnb.dnb.de abrufbar.

Titelbild: leolintang 123 RF

Herstellung und Verlag:
BoD – Books on Demand, Norderstedt

ISBN: 9783756885411

Inhaltsverzeichnis

Hinweis

Hier werden Gespräche zwischen Jonas und dem Autor wiedergegeben. Die Hinweise, die währenddessen von Jonas kommen, sind von ihm auf meinen individuellen Weg zugeschnitten und aus himmlischer Sicht zu interpretieren. Eine Gültigkeit für jedermann ist daher kaum ableitbar. Es können gerne Informationen in das eigene Leben integriert werden, sofern sie nützlich erscheinen.

Die Gespräche mit Jonas weichen oft von dem ab, was über Themen wie diese üblicherweise geschrieben wird, weil er eine ganz andere Übersicht hat als Menschen, die aus einem begrenzen Sichtfeld agieren.

Kraft deiner eigenen Entscheidungsfreiheit kannst du dem Dialog mit Jonas unter diesem Aspekt etwas abgewinnen oder nicht. Das bleibt ganz dir überlassen.

Wer ist Jonas?

Jonas ist mein übergeordneter Begleiter, Freund und abendlicher Gesprächspartner aus einer höheren Daseinsebene. Er hilft mir, Lebensbereiche auch weit über dieses irdische Leben hinaus, zu erforschen. In jedem Falle werden mir dabei viele neue, interessante Sichtweisen aufgezeigt. Wenn Jonas etwas mit mir bespricht, ist seine Antwort schon in meinem Kopf, bevor ich eine Frage zu Ende gebracht habe. Dabei ist er schonungslos offen und gibt Antworten, die mich oft sehr nachdenklich machen. Und das ist gut so, sonst komme ich mit meiner inneren Entwicklung nicht weiter. Ab und zu muss ich einen Tritt in den Allerwertesten haben, bevor ich den Gleich-namigen bewege. Jonas ist Freund, nicht Lehrer. Er gibt Anstöße zum irdischen Leben in Ausrichtung auf die Werte, die im Himmel als Existenz-grundlage unabdingbar sind.

Jonas kommt aus dem Haushalt Franz von Assisi

Jonas ist, wie Menschen sagen würden, ein Mitarbeiter in diesem Haushalt. Zu seinen Aufgaben gehören neben anderen Bereichen, die *Erstlinge* in diesen Haushalt einzuführen und auf ihren weiteren Weg anzuleiten, ohne jedoch einzugreifen. Jeder, der auf vergleichbarer Stufe wie Jonas ist, begleitet bis zu 500 solcher Beginner.

Franz von Assisi führt diesen Haushalt in seiner eigenen, spezifischen Weise. Natürlich eingebettet in die Lebensprinzipien der großen Lebensbühne.

Es gibt viele, sogenannte Haushalte wie diesen. Jeder Haushalt hat seine kleinen Unterschiede in der Umsetzung der Himmelsprinzipien. Aber alle folgen dem großen Vorbild in voller Übereinstimmung.

Weshalb erwähne ich das? Es ist für zwei Wissens-
bereiche wichtig:

Erstens:
Im Himmel führen viele Wege zum Allvater. Das
Ziel ist jedoch immer gleich. Die unterschiedlichen
Wege bringen somit vielfältige Eindrücke zu ihm
zurück. Ein starres Schema wäre weniger ergiebig
als die Vielfalt unterschiedlicher Wege.

Zweitens:
Menschen in ihrer Inkarnationsreihe sind in den
etwa ersten 50 Inkarnationen noch gar nicht in der
Führung eines Himmelshaushaltes. Sie irren zwar
nicht irgendwo herum, aber sie müssen zunächst
grundlegende Erfahrungen machen, und kommen
mit noch wenig an Eindrücken wieder in der Seele
an. Damit haben sie noch kaum Verwertbares in
der Waagschale, welches ein erstes Ergebnis zur
weiteren Zielausrichtung hergeben könnte. So
wäre eine Führung noch nicht sinnerfüllt.

Für jeden kommt der Punkt, wo Auswertbares vorhanden ist. Dann wird man in eine Führung aufgenommen.

Dies geschieht in einem Haushalt, der am besten passt. Dazu steht erstmals ein Führungsengel zur Seite. Er wird fortan begleiten, Hilfen anbieten, Inspirationen geben und im Hintergrund den Weg überwachen. Doch diesen Weg bestimmt jeder für sich allein, denn der freie Wille wird immer geachtet. Mit fortschreitendem Wachsen schimmern schon tief drinnen Werte, die mehr und mehr durchsickern werden. Sie bleiben diffus, sind aber spürbar. Ab diesem Punkt ist intensives hinhören angesagt!

In der Inkarnationsreihe werden die meisten auch in anderen Haushalten hospitieren gehen. Vielleicht auch in gefühlt gegensätzliche, oder sie ganz wechseln. In der Regel kehrt man zurück, wo einst begonnen wurde.

Erwartet nicht, dass man zum Munde redet, um einen leichten Weg zu ermöglichen. Viele werden zwischendurch auch verzweifeln und denken, all dem nicht gewachsen zu sein.

Doch bedenket, jeder stößt nur an Aufgaben an, die immer im Sinne der höheren Lebensprinzipien förderlich sind und für die individuelles Stufe noch handhabbar bleiben.

Das Wachsen an schmerzvollen Erfahrungen ist eine fundamentale Aufgabe im Mensch-Sein, die zu bleibenden Werten führt. Wer das annimmt, wird bestehen.

Warum gerade ich?

„Jonas, warum habe gerade ich diesen großen Einblick in die Lebensbühne bekommen?"

„Das wirst du erfahren, wenn du wieder im Seelenleben verweilst. Erst dann kannst du den Sinn deiner irdischen Entwicklungszeit tiefergehend einschätzen und mehr in Gänze erfassen. Würde ich es dir jetzt sagen, könntest du wenig damit anfangen. Es würde Wissen vermitteln, für das du noch nicht bereit bist. Wissen kann immer erst dann in der Liebe wirksam sein, wenn die entsprechende Reife erreicht ist und du mit Bedacht, sozusagen aus der Hüfte, damit umgehen kannst. Sonst kommt Ungutes dabei heraus.

Sieh dich dazu auf der Erde um. Es gibt viele, sogenannte Wissende, die damit zum Nachteil anderer unterwegs sind, obwohl sie es zum Wohle anderer einsetzen könnten.

Es ist ganz einfach: Sie wissen etwas zu früh, die innere Reife kann nicht mithalten. Deshalb sage ich immer wieder, nichts kann ausgelassen, nichts übersprungen werden.

Nicht umsonst dauert die Entwicklung eines jeden Menschen so lange und umspannt viele Inkarnationen. Doch der Begriff lange ist auch wieder eine Auslegungssache. Was Menschen als lange ansehen ist im Himmel nur ein Wimpernschlag. Deshalb ist euer Vertrauen in den Himmel von Bedeutung. Das, was ihr seht, kann immer nur ein ganz kleiner Ausschnitt von etwas viel Größerem sein.

Und den seht ihr auch hauptsächlich aus dem gefärbten Blickwinkel des menschlichen Tagesbewusstseins, Erwartungen und Wünsche. Ihr schaut, sozusagen, von unten nach oben, und erwartet eine bessere Welt."

„Jonas, was ist besser?"

„Den Begriff *besser* verwenden wir im Himmel nicht. Alles ist, so wie es ist. Die Liebe ist einfach. Menschen neigen gerne zum Verkomplizieren, weil darin Hoffnung für eine Erklärung und dem Versuch des Verstehens liegt. Einfache Lösungen sind nicht so interessant wie einem „Wissenden" andächtig zuzuhören und kopfnickend zuzustimmen."

„Aber wieso habe gerade ich diesen großen Einblick haben dürfen?"

„Du bist nicht mehr der Beginner. Doch das Wissen um die genaue Position in deiner Gesamt-entwicklung ist irrelevant. Das kommt einmal ganz von selbst und aus eigener Einschätzung heraus, wenn die Zeit dafür gekommen ist. Und du wirst dann sehen, dass es gar nicht mehr wichtig ist. In einer unreiferen Zeit kann das Wissen um diesen Punkt schnell in Überheblichkeit führen. Natürlich bist du nicht der Einzige, der eine solche tiefe Ver-bindung zum Himmel hat. Dennoch, so viele sind es wahrlich nicht.

Stell die den Geist des Himmels wie einen Fallschirm vor. Er funktioniert nur, wenn er geöffnet ist. Viele Menschen ziehen zwar schon an der Schnur zum Auslösen, haben den Schirm aber noch nicht vollständig geöffnet."

„Dann sind doch alle Gläubigen mit dem Himmel verbunden, oder?"

„Nicht zwingend. Wer sich nicht in der Tiefe hinwendet, hält nur eine oberflächliche Verbindung."

„Wie ist es mit mir?"

„Du hast die Tür zum Himmel inzwischen ganz aufgetan. Betrachte es also als eine große Gnadengabe Gottes, dass dir diese Verbindung so tief präsent bleibt. Trage dessen Liebe so gut du kannst in die Welt. Auch, und besonders dann, wenn du meinst, dass es dich gerade überfordert."

„Was kann ich tun, wenn ich unsicher werde?"

„Wende dich dem zu, dem es schlechter geht als dir. Hilf, ohne viel darüber nachzudenken. Wenn du das getan hast, wirst du feststellen, dass es dir automatisch besser geht."

Was könnte meine Aufgabe sein?

„Wenn du denkst das du mit einem Auftrag auf der Erde weilst, dann irrst du. Allerdings ist das, was du tust, schon mit dem Himmel abgestimmt, weil du kein Beginner mehr bist und dich in einer Führung befindest.

Bei jungen Seelen, die gerade im Menschsein wandeln, führt die Annahme einen bestimmten Auftrag zu haben schnell zur Überheblichkeit, weil somit ein Sinn im Raume schwebt. Und Menschen suchen schnell nach einem Sinn. Egal, in welchen Bereichen auch immer. Das macht es fassbarer.

Was immer du dir also auch vornimmst, ist nicht vom Himmel vorgezeichnet, sondern bleibt Bestandteil deines eigenen, frei gewählten Entwicklungsweges.

Das einzige, vorgegebene ist (wenn du schon viele Male im Menschsein warst), das dir der Himmel hilft, den passenden Rahmen zu finden, der deiner Entwicklung förderlich sein kann.

Erst in einer Führung macht es Sinn, weil du dann in der Begleitung Inspirationen richtig einordnen kannst und sie als Weghilfen wahrnimmst. Überheblichkeit hat so weniger Angriffsfläche. Aber unmöglich ist sie da auch nicht.

Zum Beispiel empfehlen wir dir ein bestimmtes Elternhaus für eine kommende Inkarnation. Was du dann daraus machst, unterliegt deinem freien Willen. Du kannst deinen Weg in diesem Rahmen vehement verfolgen, davon abweichen, oder in eine völlig andere Richtung gehen.

Opfere dich nicht für etwas auf, was du vermeintlich als deine Aufgabe ansiehst, weil man dir möglicherweise Lohn vorgaukelt, der keine innere Erfüllung bringt. Du könntest dich, wie gesagt, auch sehr täuschen, was das Thema Berufung angeht.

Bleibe immer im Vertrauen zum Himmel und spiegele dich selbst in regelmäßigen Abständen.

Ändere die Richtung, wenn du meinst auf dem Holzweg zu sein. Es geht nicht darum ein einmal vorgefasstes Ziel zu erklimmen, sondern mit Gottvertrauen Veränderungen als hilfreich und sinnreich anzunehmen. Das irdische Ziel ist nicht das Entscheidende. Deine Seele hat ohnehin andere, höhere Ziele als du im Menschsein. Und dein Geist steht nochmals darüber mit weiteren, noch höheren Zielen.

Menschsein ist Grundschule. Lerne also das, was einer Grundschule gemäß ist, strebe aber im Inneren, mit dem Himmel zusammen, nach geistigen Werten, die du auch schon auf der Erde lernen und leben kannst.

Menschen, die in den ersten Inkanationen stecken, haben eine Hilfe bei der Suche von Geburtseltern also noch nicht, weil sie erst grundsätzliche Erfahrungen sammeln müssen, um daraus ihre erste Zielgerade des Himmelsweges zu entwickeln. Damit verbringen sie schon mal die ersten 50 Inkarnationen etwa."

„Jonas, ich denke aber, dass ich schon meinen Weg gefunden habe. Es hat lange gedauert, bis ich meinen Leitspruch: *Gespräche mit Jonas machen Mut zum Leben*, bewust als *selbstauferlegte* Aufgabe vollumfänglich eingenommen habe. Das war mir zwischenzeitlich nicht so klar."

„Bleib geschmeidig, mein Freund. Du berichtest hier nur von deinem augenblicklichen Erdenleben. Mehr nicht."

„Aber du hast mir sehr viel Zeit gelassen mich dahin zu entwickeln. Dieser Weg war wieder und wieder mit schmerzhaften Erfahrungen begleitet. Manchmal kann ich dem noch nicht wirklich gerecht werden. Das weiß ich wohl."

„Ding braucht Weile. Das passt bei dir wie Faust aufs Auge... Hast du verstanden, was ich meine?"

„Ja klar verstehe ich. Ob ich durchhalte, die göttliche Liebe, die ich während meines Nahtoderlebnisses erfahren durfte, in die menschliche Welt zu tragen, egal wer was auch immer an schlimmen Sachen hier anrichtet, weiß ich nicht.

Jonas, manchmal rutsche ich in Wut und Unverständnis ab."

„Ich habe dir einen großen Einblick in die Bühne des Lebens vermittelt. Das wird dir dabei helfen, selbst mehr und mehr in die Liebe des Himmels hinein-zuwachsen, um dieses Unverständnis beizulegen. Das wird dir auch helfen, klarer die Richtung deines augenblicklichen Erdendaseins, für dich selbst, und auch für andere klarer zu formulieren.

Wie auch immer du das anwenden kannst, bleibt weiterhin spannend. Ich glaube, dass mit deinen kleinen Büchern ein Anfang gesetzt ist. Was noch kommt, bleibt offen.

Weitere Verführungen und nagende Zweifel aus Unsicherheiten, die dich davon wieder abzubringen versuchen, werden wohl nicht aufhören.

Das interpretiere ich deshalb so, weil deine bisherigen Erfahrungen oft in Extremen stattfanden."

„Ich mag Extreme nicht und suche Harmonie im Ausgleich. Das weißt du, Jonas. Mein ausgeprägter Gerechtigkeitssinn bringt mich hin und wieder auch in extreme Situationen. Die Harmonie in der Mitte ist eben mein Ding. Sie erlaubt es mir in besonderem Maße die Lebensbasis des Himmels miterleben zu dürfen.

Doch die Erdenwelt ist eben anders und zwingt mich immer wieder, diesen Ausgleich zur Mitte in mir neu zu schaffen. Das ist anstrengend.

Klar versucht jeder Mensch, seine Mitte zu finden. Sie zu halten, gelingt auch anderen nur selten. Ich scheine besonders unter Disharmonie zu leiden. Dabei verbrauche ich die Kraft, die ich für Hilfe an anderen einsetzen möchte.

Auch das macht unzufrieden und mürbe. Doch im tiefsten Inneren bin ich zuversichtlich, dass du, mein lieber Freund Jonas, genügend Geduld mit mir hast und die nötige Kraft zum Überwinden dieses Mankos nicht versiegen lässt."

Als dein Freund greife ich deine Gedanken auf

„Du hast gesagt, die Gespräche mit mir machen dir Mut zum Leben. Das freut mich sehr.

Könntest du aber damit Lehren? Ich als dein Begleiter aus dem Himmel sage dir: Lehre nicht, denn darin liegt für dich die Gefahr zum Übermut!

Bleibe auf kleiner Ebene und helfe direkt. Das nötige Gespür dafür liegt in dir. Im Himmel ist nicht Masse, sondern Klasse gefragt.

Du konntest bereits zwei Menschen vom Suizid abhalten. Mache mit deinen Erfahrungen weiterhin Mut zum Leben. Mehr braucht es nicht."

Pragmatismus trifft auf Erwartung

„Als mir absolut gewahr wurde, dass ich eine intensive Verbindung mit dem Himmel haben darf, fragte ich mich, was ich davon eigentlich hätte."

„Deine Anmerkung kommt ausschließlich aus irdischen Denkmustern", warf Jonas gleich ein.

„Wieso?"

„Darin liegt eine Erwartung an etwas, was sich auszahlen sollte."

„Hm. Kannst du mir das näher erklären?"

„Nun, es erschließt sich, wenn du darüber nachdenkst, was Erwartungen eigentlich auslösen.

Zunächst scheinen sie dich anzutreiben, denn ohne ein Ziel stagnierst du."

„Wie ist eine Stagnation zu verstehen?"

„Stagnation kann (weitläufig ausgelegt) auch als Tatenlosigkeit betrachtet werden. Das hat Bedeutung im Erdenleben als auch im Himmel. Auf beiden Seiten ist damit das Ausbleiben vom Bemühen gemeint. Im Erdenleben kann das Bemühen auch von außen mittels schmerzhafter Erfahrungen angestoßen werden, rutscht aber fast immer in die Tatenlosigkeit zurück, wenn der Schmerz nachlässt.

Warum Bemühen ausbleibt, kann viele, weitere Gründe haben, auf die ich hier nicht näher eingehen möchte. Es würde einfach zu weit vom Thema abweichen.

Du siehst, dass es wichtig ist, wie Stagnation ausgelegt wird. Da muss im Bedarfsfalle tiefer eingedrungen werden."

„Steht die Erwartung dem Bemühen also im Wege?"

„Erwartungen haben, wie ich schon sagte, zunächst einen antreibenden Effekt."

„Unterscheidest du hierbei das Menschsein vom himmlischen Sein?"

„Ganz klar, ja. Im Irdischen treiben dich deine Erwartungen vordergründig zum Mehren von materiellen Gütern, irdischem Wohlbefinden, irdischer Sicherheit an. Werte an sich stehen dabei im Hintergrund.

Jedenfalls ist das bei den meisten Menschen so, und an sich nichts Ungewöhnliches oder gar Schlechtes."

„Und im Himmel? Wie sieht es da aus?"

„Hier strebst du durchgängig nach höherer Erkenntnis."

„Jonas, setzt das Streben nach Erkenntnis im Himmel nicht auch eine Erwartung voraus?"

„Erwartungen gibt es hier nicht mehr. Das Streben ist dir hier grundlegend gegeben. Es braucht im Himmel keinen Erfolg im irdischen Sinne. Das wird deutlich, wenn du verstehst, dass die vielen Menschenleben zur Entwicklung eingerichtet sind. Wer sich in der Entwicklung befindet, wird noch mit Erwartungen konfrontiert sein. So lange, bis diese überwunden werden. Und das geschieht nur auf einem Weg der Entwicklung und der Einsicht daraus. Sonst ist es dir nicht möglich, in die Stufe der Entfaltung zu gelangen."

„Was ist Entfaltung?"

„Du gehst in eine Art Neugeburt, wenn du alle Entwicklungsstufen der Inkarnationsreihe abgeschlossen hast. Dann entfaltest du das, was in der Entwicklung sicher in dir verankert ist. Ganz einfach also.

In der Entfaltung braucht es keine Erwartungen mehr. Sie erkennt das, was kommt, von ganz allein und strebt fast automatisch zu mehr Erkenntnis. Ohne, wie im Menschsein, nach Erfolg zu fragen. Wenn du im Erdenleben von vornherein keinen Nutzen für dich siehst, dann wirst du die Tür zum Himmel auch nicht öffnen wollen. Er erscheint dann als nutzlos."

„Das ist mir zu pauschal, Jonas. So einfach ist es wohl nicht."

„Ich weiß, Pragmatismus ist eine Form von Klarheit und nicht sonderlich beliebt bei den Menschen.

Doch eine träumerische Vorstellung vom Himmel ist fehl am Platz. Pragmatismus bleibt klar in der Kernaussage. Deshalb liebe ich ihn so sehr. Und auch weil du inzwischen mit dem Pragmatismus deine anfängliche Erwartungshaltung an den Himmel in Punkto: *Alles ist dort schön,* klarer als Erwartungshaltung entlarven konntest.

Das Leben im Menschsein ist kein Zuckerschlecken, das weiß der Himmel ganz genau. Die Erwartungshaltung, dass im Himmel alles nur schön sein kann, beinhaltet einen selbstgemachten Trugschluss aus menschlichen, polaren Denkmustern.

Es ist eine gewisse Selbsttäuschung, um mit dem oft als schmerzvoll empfundenen irdischen Dasein besser klarzukommen. Glaube mir, es ist eine Traumwelt, die da aufgebaut wird.

Menschen interpretieren das Erdenleben vielfach auch als Höllenleben. Alles, was mit den Himmelsvorstellungen in Richtung *schön* verbunden wird, ist dann erst einmal hilfreich, um nicht am Erdenleben zu verzweifeln. Das geht auch mit dem Thema Hoffnung einher."

„Du nimmst mir jetzt diese Hoffnung Jonas!"

„Nein. Ich will dir nur Klarheit vermitteln. Pragmatismus ist klar."

„Auch weil er wenig Raum zur Abweichung lässt?"

„Ganz genau. Also besser in klaren Worten reden, als schwammige Aussagen machen, die vielfach auch der lieben Ruhe willen in unseligen Kompromissen enden, weil jeder ein bisschen Recht haben möchte und vorher kaum Ruhe gibt.

Achte darauf in einer oftmals unbequemen Klarheit zu bleiben, und dich nicht in eigenem Wunschdenken zu versteigen, oder dich von anderen dahin verführen zu lassen."

Noch ein Beispiel zum Pragmatismus

„Du hattest bereits um das Jahr 2011 herum mit dem Schreiben begonnen, richtig?"

„Stimmt."

„Hast du das weiterverfolgt?"

„Ich schrieb fünf kleine Bücher, dann hörte ich damit auf."

„Warum?"

„Ein Freund fragte mich, ob ich schon etwas verkauft hätte."

„Wie war deine Antwort?"

„Ich sagte, ja mein Auto habe ich verkauft."

„Was hast du daraus abgeleitet?"

„Das mit dem Schreiben kein Geld zu verdienen ist. Ich muss aber Einkommen generieren, um schon allein meine Miete bezahlen zu können, verstehst du?"

„Das verstehe ich schon. Aber wusstest du das nicht, bevor du mit dem Schreiben begonnen hast?"

„Teilweise schon - habe es aber nicht so richtig realisiert."

„Deine Erwartung daran war also etwas nebulös?"

„Nicht so richtig. Ich wollte ja weiterschreiben. Aber Geld verdienen rückte immer mehr in den Vordergrund. Und da musste ich halt aufhören."

„Musstest du wirklich? Oder wurde deine Erwartung, davon leben zu können, nicht erfüllt?"

„Ja vielleicht. Frust war schon da."

„Und wie ging es dann weiter?"

„Ich arbeitete halt, um Geld zu verdienen. Ganz einfach."

„Hat dich das innerlich weitergebracht?"

„Nicht wirklich."

Gäbe es eine Lösung für dein Problem?"

„Bestimmt. Aber ich sehe keine, Jonas."

„Möchtest du eine hören?"

„Klar."

„Du bist also mit der Erwartung an das Schreiben gegangen damit deinen Lebensunterhalt zu verdienen."

„Das ist so nicht ganz richtig."

„Dann kläre mich auf."

„Es stimmt zwar, dass ich damit auch etwas verdienen muss. Aber vordergründig war das nicht."

„Was dann?"

„Es ist wichtig für meine eigene innere Entwicklung. Und dass ich damit vielleicht anderen helfen kann, Dinge klarer zu betrachten als vorher."

„Ja was zum Teufel ist also mit dir los? Dann schreibe halt weiter! Ein finanzieller Erfolg war dir doch nicht so wichtig, oder habe ich jetzt etwas falsch verstanden?"

„Ich weiß nicht."

„Du eierst herum, mein Freund, weil du nicht wahrgenommen hast, dass dir vielleicht eine klare Orientierung und Zielsetzung abhandengekommen ist. Du siehst auch hier wieder, wie wichtig auch für dich selbst Klarheit ist! Pragmatisch denken wäre zielgenauer gewesen. Du hast dich von Unsicherheit leiten lassen."

„Damit stellst du nur etwas fest, Jonas. Hast du einen konkreten Vorschlag für mich?"

„Stelle die Weichen wie folgt: Arbeite in dem Bereich, der dir einigermaßen liegt, für Geld. So wie jeder andere auch, um das Leben als Mensch zu finanzieren. Also ein unabdingbares Tun **in der äußeren Welt**.

Schreibe, wenn du Zeit und das wirkliche Bedürfnis hast. Das ist etwas **für die innere Welt.**"

„Jonas, ich sehe jetzt, dass das ganz gut zusammenpassen könnte."

„Das ist genau das, was ich pragmatische Klarheit nenne. Bleibe da für die nahe Zukunft dran. Alles weitere liegt auf dem Weg."

Was ist im Himmel anders als auf Erden?

„Es hat eine gewisse Entsprechung mit dem Leben im Menschsein. Im Himmel geht es allerdings noch in viele, weitere Lebensstufen auf. Das Irdische ist, aus der Sicht des Himmels, die geringste Stufe. Das ist, wie schon gesagt, die Zeit der Entwicklung, während du in der lichten Welt in der Entfaltung dessen lebst.

Es gibt zum Beispiel ebenfalls Schulen, wie bei Menschen. Doch etwas ist grundlegend anders: Menschen lernen in polaren Schranken, Gegensätzlichkeiten und Unterschiedlichkeiten. Das ist die notwendige Reibung untereinander, an der das innere Wachstum angelehnt ist. Menschen wägen ab, kämpfen aus Unwissen gegeneinander.

Ego spielt da eine große Rolle. Aber Ego ist auch ein starker Antrieb. Deshalb wird nicht nachgelassen mit dem *Haben wollen* und dem *Besser sein* wollen. Damit wird in der Reibung sehr gut gelernt. Gerade weil es wehtut. Körperlich wehtut, denn da, wo es einen Gewinner gibt, steht auf der anderen Seite immer ein Verlierer.

Im Himmel lernst du nicht mehr im Wettstreit gegeneinander, sondern im Miteinander. Der Höhere beugt sich zum Kleineren hin und unterstützt ihn zum höheren Verstehen. Auf Erden will man so sein, wie der angehimmelte oder Angesehene. *Der ist besser, so will ich auch sein, der hat es sich ja verdient, weil er besser ist als ich.* Man baut sich eine Art Vorbild auf, welches in eigene Begehrlichkeiten führt und die klare Sicht auf die lichte Liebe vernebelt.

„Die Grundlage des Lernens ist im Himmel also anders, richtig?"

„Genau. Besser sein als andere steht hier nicht mehr auf dem Stundenplan. Du lernst im unterstützenden Miteinander und gemeinschaftlich mit sehr ähnlich Entwickelten. Diese Übereinstimmungen erübrigen einen Kampf. Klarheit darüber ist ein Grundpfeiler, den Himmel überhaupt verstehen zu können."

„Ich habe aber den Himmel als sehr schön erlebt, Jonas. Du zerstörst das jetzt gerade."

„Ganz und gar nicht. Höre mir genau zu, denn es ist wichtig das du richtig einordnest! Die Berührung mit dem Himmel durch dein Nahtoderlebnis war (aus unserer Sicht) kurz und hinterließ überwältigende Eindrücke.

Grundsätzlich hast du, und auch viele andere, die Schönheit des Lichtes „anfassen dürfen" und darüber hinaus die absolute Liebe dessen wahrgenommen. Ein sehr intensives Erleben, ja klar. Ungefähr so, als wenn du als Kind das erste Mal an Zuckerwatte schlecken darfst.

Wärst du hiergeblieben, würde dir der Himmel so normal vorkommen wie das Erdenleben. Nahtoderfahrene können nur von diesem Augenblick berichten. Auch wenn er noch so eindrücklich war und das Bild eines Paradieses vermittelt hat.

Beides ist somit, für sich alleinstehend, nicht allumfassend aussagekräftig. Das *Höllenleben* (so wird das Erdenleben oft bezeichnet) nicht, und der *Garten Eden* nicht."

„Ich stelle fest, dass du nicht viel um den heißen Brei herumredest. Das tut gut, Jonas."

„Mein Pragmatismus ist nicht als Gegenpol zu menschlichen Vorstellungen und dessen Abwertung gedacht, sondern als Hilfsruder, um Klarheit zu schaffen. Hier im Himmel geht das Lernen halt weiter. Das möchte ich klarstellen. Chillen ist im Himmel nicht angesagt."

„Aber nur lernen auch nicht, oder?"

„Das Lernen im Himmel wird nicht, so wie auf Erden oft, als mühevoll empfunden. Es geht mit großer Leichtigkeit und Freude. Im irdischen kostet das viel Kraft und braucht Erholungsphasen. Also, wie ihr sagt: Urlaub. So etwas gibt es im Himmel nicht."

„Dann ist das Lernen im Himmel wie Urlaub für euch?"

„Das lässt sich nicht eins zu eins vergleichen. Du empfindest hier das Streben nach Höherem als reine Freude, weil dir der Sinn dessen innewohnt."

In wie viele Inkarnationen geht eine Seele?

„Zwischen 80 und 100, manchmal bis 120 Mal."

„Kannst du mir ausführlich etwas über den Inkarnationsweg sagen?"

„Ausführliches später, denn das ist für sich ein ganz eigenes, großes Kapitel. Hier nur so viel: Die Seele hat eine Lebensspanne von ca. 12.000 Jahren. In dieser Zeit inkarnierst du in das Erdensein hinein, sofern dies als Weg gewählt wurde. Und dass eben 80 bis etwa 120 Mal."

„Und dann?"

„Die Seele ist damit ausentwickelt, sage ich mal. Darauf folgt die Engel-Neugeburt.

Die Entwicklungsstufe ist also beendet und deine Entfaltungsstufe beginnt. Hier entfaltest du das, was auf Erden in der Summe der Inkarnationen verinnerlicht wurde."

„Bedeutet das, ich kann dann schon lehren?"

„Ja, du leitest mit der Hilfe eines größeren *Tutors* andere schon etwas mit an."

„Gibt es vorher eine Art Eignungsprüfung?"

„Du entscheidest selbst, ob das deinem Weg gemäß ist. Das geschieht in Begleitung eines führenden Engels."

„Was ist, wenn ich noch unsicher bin?"

„Du kannst in eigener Entscheidung noch einige Inkarnationen anhängen, um dir mehr Sicherheit zu verschaffen."

„Dann wäre Schluss?"

„Mit Inkarnieren ins menschliche Sein, ja."

„Wo komme ich hin, wenn ich meinen Weg nicht geschafft habe?"

„Du wirst in der irdischen Welt bleiben, die grundsätzlich vom zweiten Prinzip gesteuert wird. Mehr darüber auch für ein späteres Buch, welches sich ausführlich mit dem Thema: Erstes und zweites Prinzip im Rahmen der Bühne des Lebens befassen wird. Doch du kannst sicher sein, dass es neunzig Prozent schaffen, weiter ins Licht zu gehen. Der harte Weg über das Menschsein lohnt sich also!"

Warum bekomme ich manchmal keine Antworten von dir?

„Daran kannst du feststellen, dass deine Entwicklung an diesem Punkt noch etwas hängt. Denn du sollst ja auf deinem Weg auch umsetzen was inspiriert wird. Dazu muss, wie schon gesagt, die nötige, innere Erkenntnistiefe erreicht sein damit du selbst ins Tun kommst.

Antworte ich nicht, hast du entweder eine überflüssige Frage gestellt, oder bist dafür noch nicht so weit. Dann maule nicht, sondern schau, dass du erst einmal selbst an einer Antwort arbeitest. Du kannst jederzeit erneut nachfragen. Das Motto dafür: Erst du ein Stück, dann helfe ich ein Stück, damit es sitzt. Umgekehrt mache ich nicht mit. Das Aua musst du schon selbst ertragen.

Beachte noch etwas sehr Wichtiges. Es kam bereits vor, dass dich Menschen für Fragen, die du an mich weiterleiten solltest, einspannen wollten.

Meine Warnung! Ich lasse mich nicht einspannen für das, was andere bewegt. Ich kenne ihren Entwicklungsweg nicht, kann und dürfte auch nichts darüber sagen, wenn ich ihn kennen würde. Sage ihnen, und das hast du bereits auch so getan, dass du nicht als Medium fungieren kannst und auch nicht willst. Unsere Gespräche sind nur für uns beide bestimmt. Wer daraus etwas für sich übernehmen möchte, kann dies gerne tun. Aber für andere eine Antwort finden, ist nicht meine und auch nicht deine Aufgabe. Jeder muss seinen Hintern selbst bewegen. Bleibe da sehr klar!"

Der Schmerz ist das schnellste Ross

„Wie ist diese Aussage zu verstehen, Jonas?"

„Es ist der schnellste Weg für die innere Entwicklung. Aber es widerspricht dem menschlichen Verständnis, Schmerz als treibende Kraft zu sehen. Jeder will Schmerz möglichst vermeiden."

„Das habe ich lange auch so gesehen. Und heute kommen wiederholt Kommentare von anderen hinzu, wie: *Ich denke nicht, dass ein Leben im Schmerz gut ist. Ohne Schmerz kann man sich mindestens genauso gut entwickeln.* Damit stufen sie diese Aussage als kühne Behauptung ein."

„Seit wann stelle ich Behauptungen auf?"

„Äh, na ja."

„Nix na ja. Ich weiß es aus der großen Übersicht des Himmels und auch aus eigenen, ebenso vielen schmerzvollen Erfahrungen, mein Lieber! Du kannst mir also vertrauen, dass ich mich nicht auf Behauptungen einlassen muss."

„Es liegt mir fern dir nahe zu treten."

„Das tust du nicht absichtlich, ich weiß. Aber hier wird wieder sichtbar, dass etwas noch nicht richtig verinnerlicht ist."

„Wie meinst du?"

„Deine Zweifel befeuern dich, an diesen Unterstellungen teilzunehmen.

Daran musst du noch arbeiten. Aber das ist uns beiden ja hinreichend bekannt.

Wollen wir nun zum Thema kommen oder darüber diskutieren ob ich Wissen habe, welches dich weiterbringen kann oder nicht?"

„Ich bin ganz Ohr, Jonas."

„Nur mal so zur Klarstellung: Wann hast du wirklich etwas verinnerlicht?"

„Na ja, wenn es richtig zur Sache ging."

„Also wenn es dir einen gewissen Schmerz bereitet hat?"

„Ja."

„Dann kennst du auch die Aussage: Ich habe schmerzliche Erfahrungen gemacht, oder?"

„Kenne ich, ja."

„Erkläre mir bitte dann noch einmal deine Auffassung von Schmerz."

„Du bringst mich ins Stottern, Jonas."

„Dein Verständnis von Schmerz ist hier wohl noch nicht ausdefiniert."

„Kannst du mir helfen?"

„Es ist nicht der ständige Schmerz gemeint, so wie zum Beispiel chronisch Kranke ertragen müssen. Das diese Menschen mich am liebsten anspucken möchten, kann ich absolut nachvollziehen."

„Ja was meinst du genau mit deiner Aussage, das unter Schmerz besser gelernt wird?"

„Es geht um DEN Schmerz, der wesentliche Erfahrungen begleitet."

„Was sind wesentliche Erfahrungen?"

„Damit sind Erfahrungen gemeint, die wirklich wichtige Weichen in deinem Leben stellen können."

„Erfahrungen kann ich auch machen, wenn ich sie nicht mit Schmerz verbinde, Jonas. Ich glaube dir nicht."

„Manno man, du selbst hast oft schmerzvolle Erfahrungen machen müssen. Und erst damit hast du eine Kehrtwende in deinem Leben eingeleitet."

„Hätte ich das nicht auch ohne Schmerz so geschafft?"

„Ich bin ganz sicher, nein. Es wäre weiterhin schräg gelaufen, ohne dass du etwas geändert hättest.

Und dein inneres Empfinden, das etwas nicht rund läuft, käme nicht in Bewegung. Man sagt auch: *Immer weiter dahindümpeln.* Und dann kommt noch etwas anderes ins Spiel."

„Was denn?"

„Du gibst anderen, oder den äußeren Umständen allgemein, die Schuld an deinen Missgeschicken, und suchst nicht mehr in dir selbst. Bemühen sieht anders aus, mein Lieber."

„Langsam komme ich ins Verstehen. Du meinst damit nicht, dass ständiger Schmerz vorantreibt, sondern den Schmerz, der erst einsetzt, wenn man immer wieder dieselben Fehler macht, und doch nichts ändert."

„Und was ändert dann eine Haltung?"

„Die schmerzvolle Erfahrung, dass es keine Entwicklung aus ständigen, immergleichen Wiederholungen gibt. Dann merke ich, das etwas in der Verdrängung verblieben ist."

„Ich glaube, jetzt sitzt es."

„Trotzdem denke ich, dass man nicht unbedingt den Schmerz suchen sollte, nur weil er schneller vorantreiben könnte."

„Stimmt. Du sollst nicht zum Masochisten werden. Das würde nichts bringen."

„So kann ich andere beruhigen, dass deine Aussage: Schmerz ist das schnellste Ross zur inneren Entwicklung, keine Lachnummer ist."

„Das solltest du so aufklärend sagen. Und dazu wird auch klar, dass die Vermeidung von Schmerz der wirklich treibende Faktor ist.

Der Schmerz ist an sich ein recht unangenehmer Begleiter, das weiß ich auch. Die Handlung, den Schmerz zu vermeiden, ist das TUN. Damit ist eine Erfahrung, die im Schmerz begann, in die richtigen Bahnen gelenkt."

„Hat dann der Schmerz, so wie du es meinst, einen sinnvollen Einfluss auf künftige Entscheidungen?"

„Das ist der Sinn schmerzvoll gemachter Erfahrungen. Du kannst schmerzvolle Erfahrungen somit getrost als schnelles Ross betrachten, auf dem du reiten lernen kannst.

Dieses Ross ist widerspenstig und bedarf deiner Zähmung.

Hast du das als Absolutheit verinnerlicht, wird das Reiten darauf (also das Leben) ein reines Vergnügen werden, weil du jede schmerzvolle Erfahrung in ihre Schranken verweisen kannst und sie damit nicht mehr dein Leben bestimmen.

Behandle das Ganze aus der Sicht des Himmels zur eigenen, inneren Entwicklung eines Menschen."

Der freie Wille

„Jonas, wie kann man den freien Willen in der heutigen Zeit definieren?"

„Du hast viele Zweifel in diesem Punkt. Aber sie betreffen nicht mehr dich selbst, sondern das, was andere Menschen damit anstellen."

„Wie meinst du das konkret?"

„Du bemerkst richtig, dass in der heutigen Zeit der freie Wille mehr und mehr verantwortungslos angewendet wird. Viele Menschen glauben, in allem frei entscheiden zu können, ohne die nötige Verantwortung für eine Gemeinschaft be-achten zu müssen."

„Ja, darüber bin ich traurig."

„Du beobachtest schon lange, dass der freie Wille immer mehr überzogen angewendet wird. Deine Ohnmacht darüber steigt an, weil jedweder Aufruf zur Verantwortung glatt verpufft. Deshalb hast du Wut in dir. Sie erscheint dir nicht klar greifbar, weil du dabei verdrängst, dass es derzeit sehr viele junge Anfänger in der Menschsein-Ebene gibt. Aus diesem Umstand heraus wird vielfach, mit dem stark mitschwingendem Ego, der freie Wille ausgelegt.

Du verzweifelst schier an der fehlenden Verantwortung. In der Ausrichtung zum Himmel, wie viele in deinem nahen Umfeld für sich behaupten zu sein, siehst du auch nichts anderes. Gerade diese Menschen sollten schon weiter sein. Genau das fehlende Verständnis darum setzt dir so zu."

„Richtig. Ich sehe zu oft, dass der freie Wille allein für sich unterwegs ist. Und Überheblichkeit spielt wahrscheinlich auch eine Rolle, denke ich."

„Bedingt, ja. Denn diese Reduzierung auf den Willen, der *so frei* angewendet wird, kommt hauptsächlich aus dem noch mangelhaften Überblick und teilweise aus Zukunftsangst. Das betrifft hauptsächlich junge Seelen, die auch noch jung im Menschenleben sind."

„Jonas, gibt es dafür eine Erklärung?"

„Was möchtest du erklärt haben?"

„Es muss doch einen Grund dafür geben, dass es gerade heutzutage so viele Beginner gibt."

„Das hat etwas mit der Lebensdauer eures Planeten zu tun. Dieser bietet nicht unendlich Zeit für die Existenz menschlichen Lebens.

Es warten noch sehr viele Seelen im Himmel, die in eine Inkarnation gehen wollen."

„Im Himmel herrscht also ein großes Gedränge?

„Deine Worte bringen mich gerade zum Lachen, mein Lieber."

„Warum?"

„Deine Ausdrucksweise finde ich manchmal etwas gewöhnungsbedürftig. Aber bleibe dabei. Ich lache auch sehr gerne. Doch du liegst da nicht falsch mit deiner Annahme.

Der Zeitpunkt, dass alle Seelen noch inkarnieren können, bis die Erde für Menschen nicht mehr bewohnbar ist, kommt früher als es alle derzeit noch Wartenden schaffen würden."

„Ein einfaches Rechenexempel, sozusagen?"

„Wenn du es so sehen willst."

„Ja, aber was ist mit dem Gedanken, dass der Himmel alles weiß? Wie kommt es dann zu so einer Fehlplanung?"

„Es ist nicht einer Fehlplanung zuzuschreiben, sondern dem Umstand, dass etwas ersonnen wird und auch der Himmel dann damit Erfahrungen sammeln muss. Das ist im Schöpferforschungswillen so angelegt.

Und das von Anbeginn schon im Urmeer, als sich die Lichtanteilchen aufmachten, wieder in die Anspannung zu gehen und dann im Forschungswillen immer weiter ins Schöpfen kamen.

Liebe an sich, wie sie im Urmeer angelegt ist, will sich im Schöpferwillen selbst erfahren. Das ist der Grund, warum das Licht in einen Umlauf geht. Um sich darin selbst zu erforschen und zu erfahren.

Das ist für deine Mitmenschen noch völlig unbekannt. Auch für die, die sich als sogenannte Wissende und Forschende in diesem Metier bewegen. Bleibe also vorsichtig darüber zu reden. Man könnte dich schnell als abgehoben betrachten."

„Ich versuche, dass nicht marktschreierisch hinauszuposaunen, Jonas."

„Gut. Wer hat dir gesagt, dass der Himmel alles im Vorhinein weiß?"

„Kann ich im Augenblick nicht genau sagen. Viele berichten, das steht so geschrieben."

„Mehr weist du darüber nicht?"

„Ehrlich gesagt, nein."

„Dann forsche da weiter für dich und berichte, wenn du mehr in Erfahrung gebracht hast. Ich sage dir noch etwas Wichtiges dazu.

Der Himmel plant sehr weit vorausschauend, aber nicht allwissend, was daraus entstehen könnte. Würde alles feststehen was geschieht, würde der freie Wille keinen Sinn machen.

Die Wahrscheinlichkeit, dass etwas nicht nach Plan läuft, ist gering, aber nicht unmöglich, denn Unwägsamkeiten im freien Willen können Einfluss haben.

Doch diesen, im Vorfeld schon aus Angst vor etwas Ungutem abzuwürgen, käme dem Aushebeln des freien Willens gleich und würde die Liebe Gottes zum Menschen, und insgesamt in Frage stellen.

Die Antwort findet sich im Tun, also im Bemühen auf dem Weg. Solange kein endgültiges Ergebnis erzielt ist, bleibt ein Plan immer offen.

Deshalb bleiben auch bei dir Fragen offen und werden teilweise auch unbeantwortet bleiben. Zeit, Antworten selbst zu finden, ist denen gegeben, die Geduld aufbringen und mit Bedacht nach Antworten suchen.

Pläne müssen wirken und Antworten im Tun finden dürfen.

Somit erklärt sich ganz nebenbei auch, warum Menschen, die Ungutes tun, im Himmel nicht verurteilt werden. Sie bleiben immer in der Liebe des Allvaters, solange sie sich in der Liebe des Himmels bewähren wollen. Damit steht ihnen, und jedem anderen Gelegenheit zur Läuterung zu.

Aber zurück, warum die Zeit knapp ist: Noch nie habe ich dir weiterführend gesagt, dass es vier ausgesuchte Planetensysteme gibt, in denen unser Gott unmittelbar wirkt. Sie haben unterschiedliche Planetenanzahlen und Größen. Doch in der Summe hat jedes System die gleiche Masse. Es herrscht ein übergreifendes Gleichgewicht zwischen ihnen."

„Und was hat das mit der knappen Zeit unserer Erde zu tun?"

„Jedes Planetensystem hat seinen eigenen kosmischen Lebenszyklus, in dem zeitweise eine gewisse Ruheordnung herrscht. Nur darin ist genügend Zeit, um höheres Leben zu entwickeln..

Es werden aus diesem Umstand heraus schon lange, sogenannte neue Wohnungen, derzeit im gegenüberliegenden Sternensystem angelegt."

„Äh Wohnungen?"

„Wohnung ist hier das Gewand eines Wesens. Jedes Wesen hat eine Einkleidung, um damit ins Wirken gehen zu können. Energie an sich braucht dazu ein Gewandt als Werkzeug."

„Seit wann gibt es Bemühungen dazu?"

„Als Jesus vor ca. 2000 Jahren auf der Erde weilte, wusste man im Himmel schon was nötig wird."

„Und trotzdem hat man es laufen lassen? Das erschließt sich mir nicht."

„Laufen lassen ist gut. Du vergisst den freien Willen, der in Gottes Liebe immer unangetastet bleibt, egal was daraus entsteht. So siehst du die große Liebe zu den Menschen, die Gott walten lässt.

Somit verstehst du vielleicht auch besser den Begriff Unendlichkeit, der auf Erden in aller Munde ist. Unendlichkeit ist im Himmel relativ.

Es ist eine Zeitauslegung, die Menschen nicht ansatzweise erfassen können und daher den Begriff Unendlichkeit als Anker verwenden, um damit etwas ausdrücken zu können, was eben nicht fassbar ist. Die Zeit an sich ist im Urmeer nicht relevant. Sie wirkt hier als Bewegungsmuster.

Bewegungsmuster bedeutet hier: Jedes einzelne Lichtanteilchen geht von der Ruhe in die Anspannung und wieder zurück in die Ruhe. Das findet im Urmeer statt und dauert nach menschlicher Zeitrechnung viele Billionen Jahre."

„Was passiert, wenn nicht mehr alle Menschen die Inkarnationsreihe beenden können? Gehen sie dann in die Seele zurück und werden, den einmal begonnenen Weg als Mensch nicht mehr fortsetzen, weil diese Erde ja nicht mehr für Menschen bewohnbar sein wird? Jonas, das macht mir gerade Angst."

„Angst ist ein schlechter Berater, das weißt du. Und doch lässt du dich davon wieder übermannen.

Diese Seelen werden woanders leben und weiter inkarnieren. Eben in diese neuen Wohnungen. Grundsätzlich wissen sie dann auch nicht mehr, wie die vorherige Lebensebene beschaffen war, weil die Entwicklung an sich ausschlaggebend ist und nicht das Umfeld dazu.

„Ich sehe, dass ich in einem viel größeren Kontext denken muss, um alles erfassen zu können."

„Genau dieser Umstand macht es mir so schwer, etwas zu erklären. Einzelne Bereiche können nur im Gesamtüberblick klar erkennbar werden.

Es gehört zum Gesamtverstehen viel mehr Hintergrundwissen, welches erst ein Puzzle im Ganzen erkennen lässt. Dazu gehört auch ein gewisser Abstand zu Allem.

Du hast bei deiner Nahtodbegegnung dieses Gesamtbild wahrgenommen. Deuten konntest du Einzelheiten noch nicht. Allein aus dieser augenblicklichen Sicht würdest du kein erneutes Gesamtbild zusammensetzen können. Mit zunehmendem Lernen und damit verbundenem Verstehen wächst auch das Hintergrundwissen. Damit wird das Gesamtbild auflösbarer."

„So erschließt sich mir auch dein ständiger Rat Geduld walten zu lassen."

Lebe in Verantwortung

„Mit der Verantwortung geht's derzeit mächtig den Bach runter, Jonas."

"Was meinst du damit?"

„Mir fällt auf, dass die persönliche Individualität fast schon surreale Formen annimmt. Es wird gerne nach Verantwortlichkeit bei anderen oder Institutionen gesucht, aber die eigene Verantwortung wird oft abgelehnt."

„Wie kommst du darauf?"

„Die Zeit vor Corona deutete schon darauf hin, dass freier Wille, meiner Meinung nach, häufig mit einer überzogenen Eigenwichtigkeit einhergeht. Die eigene Meinung ist schon vor einer möglichen Diskussion festgezurrte Wahrheit. Hinterfragt wird nur noch selten.

Konkrete Vorschläge für eventuelle Lösungen bleiben aus. Das sollen mal die Verantwortlichen tun. Nur - wer ist das? Es reicht ja, Finger in die Wunden zu legen und jegliche Verantwortung anderen zuzuweisen.

Übrigens beobachte ich das auch im Umgang mit den demokratischen Gepflogenheiten in der politischen Arbeit. Oppositionelle wissen alles besser und mäkeln an allem herum. Sind sie aber am Drücker, kommt derselbe Mist heraus, den sie vorher angeprangert haben. Sorry, für mich riecht das nach Überheblichkeit. Aber ich weiß ja, dass es nur das Unvermögen abbildet. TUN ist angesagt. Fehler werden jedem unterlaufen. Meckern kann ich auch. Verändert habe ich damit nie etwas.

Die Zeit während Corona verstärkte dies meiner Meinung nach noch einmal sehr."

„Was könnte der Grund sein?"

„Ich denke, das dies recht komplex ist, also keine einfache Antwort möglich ist."

„Wollen wir beide versuchen, dem auf den Grund zu gehen?"

„Sehr gerne, Jonas."

„Ich bleibe dabei in der Sicht aus dem Himmel, ok?"

„Ich bitte darum."

„Reden werde ich auch nur für dich. Für dass, was andere tun, bist du nicht verantwortlich, klar? Und die Situation im derzeitigen Weltgeschehen beleuchten wir dabei auch nicht, ok?"

„Gut. Ich glaube auch, damit würden wir uns verzetteln."

„Richtig. Es geht hier um grundlegende Abläufe im Kindergarten Menschheit und dem Verhalten in diesem."

„Was hat das konkret mit Verantwortung zu tun?"

„Für dich selbst gilt inzwischen folgendes: Reihe dich nicht mehr in Schuldzuweisungen zu anderen ein. Das behindert eine klare Betrachtung. Bleibe bei einer Beobachtungsposition. Diese erlaubt, ohne Gegenüberstellungen außerpersönlich betrachten zu können und in Eigenverantwortung zu gehen.

Natürlich muss jeder für sich selbst suchen, und Kraft seines freien Willens auch für sich selbst herausfinden, was seine Wahrheit in der Summe ausmacht. Deshalb darf jeder seine Wahrheit auch über jegliche Behauptungen suchen.

Sei also vorsichtig denen zu folgen, die mit Verantwortung nicht viel am Hut haben, außer sie anderen zuzuschieben.

Das augenblickliche Rudelverhalten überzogener Eigenwichtigkeit von Minderheiten, (was immer auch darunter jeder versteht) bewirkt nichts Konstruktives mehr. Außer das Schuldzuweisungen und Forderungen immer aggressiver werden."

„Ich sollte also eher nicht darüber reden, was ich über den Kindergarten Menschsein weiß?"

„Mit Bedacht geht das schon. Achte aber darauf das du mit Menschen darüber redest, die wirklich zuhören wollen, und ihren eigenen Standpunkt auf den Prüfstandstellen können. Aber stülpe niemanden etwas über. Du hast erst kürzlich bemerkt, das gar nicht zugehört wurde."

„Stimmt. Als wenn ich eine andere Sprache gesprochen hätte. Das war ein komisches Gefühl, Jonas. Worin läge nun mein Handeln?"

„Dein Handeln besteht darin, andere damit nicht zu überschütten in der Annahme, sie würden dann besser verstehen. Du bist nicht der Aufklärer, auch wenn du es (für dich) besser weißt."

„Somit habe ich kein Recht, andere aufzuklären?"

„Exakt. Das Recht dazu hat niemand. Worüber willst du auch aufklären? Über das, was du wissen darfst?

Du weißt es deshalb nicht *besser*, weil auch schon dieser Begriff dem anderen impliziert, dass er noch dumm ist und von dir aufgeklärt werden müsste.

Schau dir dazu nur die Bewegungen in der irdischen Welt an.

Vielen brennt es unter den Nägeln die (aus ihrer Sicht) Unaufgeklärten endlich mal über die Wahrheit in Kenntnis zu setzen. Das wird auch noch als heilige Pflicht angesehen."

„Verstehe. Da musst du gar nicht weiterreden."

„Ein klarer Missbrauch von vermeintlichem Wissen, welches sich in Überheblichkeit auslebt."

„Und meine Verantwortung dabei?"

„Du musst den Dingen ihren Lauf lassen. Lehne dich zurück und schau von außen drauf. Du weißt ja, welche Vorteile dieser Blickwinkel anbietet.

Widme dich der Klarheit. Halte mit deinem Wissen eher hinter dem Berg, es sei denn, du wirst gefragt. Aber auch dann bleibe vorsichtig, denn du hast Informationen über die große Bühne des Lebens, die nicht jedem zugänglich gemacht werden sollten.

Das wird ohnehin in der Entwicklung eines jeden Einzelnen erfolgen. Dann aber zielgenau für entsprechende Reifestufen. Du würdest vorgreifen und damit Schiffbruch erleiden, weil dein Wissen sowieso nicht beweisbar ist. Bestenfalls kommt ein Diskutanten Stadel dabei heraus, welcher im Ergebnis jedem ein bisschen *Recht haben* zugesteht. Erst dann ist Ruh. Darum nutze ich den Begriff Diskutanten Stadel, denn er beschreibt gut, wie schnell man sich im Kreis bis ins Aggressive hochdrehen kann."

„Verantwortung heißt dann aber auch, anderen etwas vorzuenthalten?"

„Du bist immer noch nicht auf der Spur, mein Lieber. Ich gebe dir (als Beispiel) Wissen betreff deiner eigenen Entwicklung nur dann, wenn es dir gemäß ist. Damit habe ich dir nichts vorenthalten, sondern gebe gezielt Informationen, wenn die richtige Zeit dazu gekommen ist."

„Du kannst ja schon Verantwortung leben, Jonas. Da ist es ein Leichtes, darüber zu reden."

„Du kannst dich dieser auch stellen. Warum drückst du dich so herum?"

„Vielleicht weil ich da noch nicht die nötige Sicherheit habe?"

„Deine Erwartungen an dich selbst sind zu hoch. Lebe in mehr Geduld mit dir, schaue in den Spiegel und lasse Klarheit herausschauen. Dann stellt sich diese Frage nicht."

„Wie gehe ich damit konkret um?"

„Unsere Gespräche darfst du in deinen Büchern weitergeben. Einiges musst du für dich behalten. Darauf weise ich rechtzeitig hin.

Übernimm meinen Pragmatismus in deine Bücher, denn Klarheit ist wichtig, auch wenn sie vielen schlecht aufstößt, sie vielleicht deshalb auf Abstand zu dir gehen, und du damit nicht gerade an Beliebtheit gewinnst. Vergiss den Humor nicht, denn auch im Himmel wird gerne gelacht. Und er tut den meisten Menschen gut, auch wenn Humor in der menschlichen Welt nachzulassen scheint.

Unterlasse das Wecken von Wunschgedanken und Sehnsüchten. Sie münden in erfüllungssuchende Erklärungsansätze aus menschlichem Gemüt, und verklären den reinen Blick für das Wesentliche und Einfache. Bleibe für dich bei den Fakten, die ich dir vermittle.

Viele sogenannte Experten reden dem Mainstream entgegenkommend. Sie vermitteln vielfach das, was ankommt, machen Hoffnungen (was ja im Grunde nicht schlecht ist), geben aber keine wirkliche Quelle ihres sogenannten Wissens an. Wenn doch, dann sind diese Quellen aus der Sicht des Himmels fragwürdig.

Einfacher wäre es, wenn sie, so wie du es tust, zugeben würden das sie es auch nicht wirklich wissen. Das wäre wenigstens Aufrichtigkeit.

Du hast mit dem Wunsch, Menschen den Himmel näher zu bringen und ihnen damit Mut zum Leben zu spenden, aus ganz eigenen Stücken eine verantwortungsvolle Aufgabe angenommen.

Die Zeit wird zeigen, ob du das mit der erforderlichen Behutsamkeit durchhalten kannst, oder dich irgendwann auch dem Mainstream angleichen wirst.

Bleibe in eigener Verantwortung stets ein aufmerksamer Beobachter, besonders dir selbst gegenüber. Der Himmel wird dich mit seiner erfüllenden Liebe begleiten."

Lehn dich nicht so weit aus dem Fenster

„Gerne würdest du aufklären und, unter anderem, dein umfangreiches Wissen über die Bedeutung des Träumens weitergeben. Viele Jahre hast du damit verbracht, dies über unsere Gespräche vollumfänglich erfassen zu können. Die Umstände und Hintergründe dessen berühren viele andere Bereiche. Das kann man nicht in ein kleines Büchlein packen, weil der Hintergrund unvollständig bleibt, der zum allumfassenden Verständnis unabdingbar wäre. So würdest du ein fehlerhaftes Bild vermitteln. Außerdem würdest du schnell als Besserwisser wahrgenommen.

Das, was du da vermitteln willst, spricht gegen den Mainstream, der im Umlauf ist.

Du wolltest bereits über das Träumen schreiben. Ja, es wäre schon wichtig zu wissen warum geträumt wird. Aber wo hast du das gehört, was ich dir darüber berichtet habe?

Im Mittelalter würde man dich der Ketzerei anklagen und auf dem Scheiterhaufen verbrennen. Heute wird dir bestenfalls Missbilligung, Unverständnis und Kopfschütteln entgegenschlagen. Glaube mir das bitte mal.

Es macht auch keinen Sinn, gegen den Strom zu schwimmen. Dem Himmel hilft es auch nicht. Also rufe ich dich auf, davon abzulassen über dieses Thema zu reden. Die Zeit ist dafür noch nicht gekommen.

Du kannst damit auch die Welt nicht ein Deut verbessern.

Menschen brauchen von sich aus erst die Bereitschaft, wirklich zuzuhören. Ihnen wird immer noch etwas anderes eingebläut.

Mit dem Träumen beschäftigt sich eine ganze Wissenschaft. Dem stündest du allein gegenüber. Also halte darüber noch den Schnabel!"

Liebe ist der Wunsch zu geben

„Jonas, ich möchte mehr helfen."

„Willst du damit die Welt verbessern?"

„Ja warum denn nicht? Ist das etwas Anrüchiges?"

„Ganz und gar nicht. Doch du solltest dir zwei Dinge anschauen."

„Die da sind?"

„Erstens:
Möchtest du helfen, weil du Anerkennung damit verbindest? Also innerlich auf Dank hoffst?

Zweitens:
Möchtest du helfen, weil du aus der Liebe

des Himmels zu helfen schon in der Lage bist, und einen Dank gar nicht mehr brauchst, sondern im sich verströmenden Element der Liebe selbstlos helfen kannst?"

„Eine schwere Frage, Jonas. Ich glaube das jeder Helfende sich über ein paar dankbare Worte freut."

„Im Menschsein verstehe ich das. Aber so meine ich das nicht. Erwartungen an einen Dank zeigen sich oft, indem viel davon erzählt wird, was für andere alles getan wird. Und auch daran, wenn Anerkennung ausbleibt, diese Hilfe nicht mehr gerne gegeben wird. Das passiert, ohne dass diejenigen es selbst bemerken. Sie meinen es auch nicht böse. Aber Selbstlosigkeit ist etwas anderes."

„Wie ist die Selbstlosigkeit, die du meinst?"

„Selbstlos helfende Menschen hegen keine Erwartungen. Sie tun einfach, ohne lange zu überlegen. Sie tun es aus Herzenswärme und reden nicht ständig darüber. Sich gebraucht fühlen ist auch eine Art Hunger nach Anerkennung. Das berührt nicht die Freude, wenn ein Dank ausgesprochen wird. Dieser Dank kommt von demjenigen allein aus wirklicher Dankbarkeit, und nicht aus der Erfüllung einer gefühlt eingeforderten Anerkennung.

Eine weit verbreitete Auslegung dessen: *Tue etwas Gutes und sprich darüber*, sagt viel über Erwartungen aus. Das ist den gültigen Himmelsprinzipien fremd und strotzt vor Zynismus."

„Wird diese Welt also nie gut sein?"

„Das ist nicht ihre Aufgabe, denn sie ist eine Lebensebene ausschließlich zur Entwicklung.

Damit leuchtet dir wohl auch ein, dass es noch keine Vollkommenheit im Verhalten geben kann."

„Zudem existiert ja Gut und Böse in der Lebenswelt der Menschen, oder?"

„Richtig. Sofern du wahrhaftig selbstlos, ohne nach dem Lohn der Aufmerksamkeit zu fragen, helfen kannst, ist die Welt schon ein kleines Stück besser geworden."

„Kann man das so sehen, das damit eine höhere Energie zum Tragen kommt?"

„Wenn du bei einer aufmerksamen Ausrichtung zum himmlischen Licht bleibst, bin ich ganz bei dir, auch wenn ich diesen Begriff so nicht verwenden würde."

„Wie wäre denn eine gute Welt, wenn es sie gäbe?"

„Der Begriff *Gut* fordert zum Gegenpol *Schlecht* auf. Diese grundsätzlichen Betrachtungen sind immer der irdischen Welt verhaftet."

„Wäre in meiner Schlussfolgerung somit alles im Himmel gut?"

„Du hast noch nicht verstanden. Gut und Böse ist erdgebunden. Für den Himmel sind alles Erfahrungen ohne Wertungen. All deine Erfahrungen auf Erden dienen ausschließlich deiner inneren Entwicklung hin zum Licht. Und dazu gehören auch die Erfahrungen, die Menschen als Ungut erleben. Ohne Dunkelheit kein Licht, verstehst du?"

„Das würde aber dem himmlischen Prinzip widersprechen."

„Wieso?"

„Na ja, dann würde es im Himmel auch Dunkles geben, denn du sprichst ja vom Licht, welches ohne das Dunkel nicht offenbar wäre."

„Eine gute Frage, mein Lieber. Nur eines hast du dabei nicht bedacht."

„Was denn?"

„Die Gegenüberstellung gilt für die Welt in der Materie, die im Wandlungsprinzip eingebettet ist. Die Welt des Lichtes (also alles, was über der Seelenebene liegt) ist durchgängig im Licht präsent. Dort gibt es keine Gegenüberstellung, weil sie, aus menschlicher Sicht, überwunden ist.

Wer die menschliche Welt verbessern will, kann dies am schnellsten bei sich beginnend im TUN umsetzen.

Die Grundlage dazu ist das Erkennen des Bemühens an sich. Arbeite damit erst einmal mit viel Geduld, dann fügt sich alles."

Nach welchen Werten strebe ich?

„In erster Linie habe ich die Werte der geistigen Welt im Auge. Dazu gehören: Weisheit, Wissen, Disziplin, Glaubenstreue, Ehrfurcht, und Dankbarkeit.

In meiner derzeitigen irdischen Entwicklungszeit strebe ich nach Ehrlichkeit, Toleranz, Wahrhaftigkeit, Friedfertigkeit, das Bemühen an sich, und Verantwortungsbewusstsein einer Gemeinschaft gegenüber."

„Das ist eine Menge, mein Freund."

„Die üblichen Werte der materiellen Welt sind mir inzwischen recht fremd geworden, weil sie zu oft mit angestrebtem Wohlstand des Einzelnen einhergehen. Sie haben wenig mit Respekt, Achtung, Toleranz und Empathie zu tun, sondern folgen dem Bemühen des Egos zur Mehrung von Besitz auf Kosten von anderen."

„Du lebst doch aber noch in dieser Welt. Wie kommst du damit klar?"

„Wie du weißt, setze ich mich ständig damit auseinander. Die Spannungen daraus machen viel mit mir."

„Was meinst du damit?"

„Ohne diese Spannungen wäre ich kaum zum Schreiben in der Lage, denn sie zwingen mich in die innere Auseinandersetzung. Die Erfahrungen damit erlauben es mir auch, sie mehr und mehr kalibrieren zu können. Ich lerne für mein Leben enorm. Ein großer Vorteil des Schreibens."

Wie wird im Himmel kommuniziert?

„Der Austausch von Gedanken findet über den sogenannten lichten Bogen statt.

Gedanken sind masselos, und deshalb nicht an die Physik des Wandlungsprinzips gebunden. Sie werden erdacht und können von allen unmittelbar empfangen werden. Eine Begrenzung durch Lichtgeschwindigkeit ist irrelevant, weil diese für Materie gilt. Übermittelt werden Bilder. Ihre Eigenschaft ist Unmissverständlichkeit. Sprachunterschiede entfallen damit. Davon abweichende Interpretationen sind nicht möglich. Jeder kann dem Bild nur das entnehmen, was der eigenen Entwicklungsstufe zukommt. So ist für alle Stufen insgesamt immer nur ein einziges Bild nötig, und doch bekommt jeder seine Botschaft, die er verstehen kann."

Was ist Sünde?

„Es wird viel über Sünde gesprochen. Aber was ist damit eigentlich gemeint?"

„Die einzig wirkliche Sünde ist, wenn du deinen Verstand nicht gebrauchst. Er ist das Werkzeug aller Entwicklungsstufen.

Ein Couchpotato wird es schwer haben, wieder auf die Reihe zu kommen, obwohl auch dies möglich bleibt.

Klartext: Das Bemühen an sich ist die wichtigste Eigenschaft, und ein elementarer Grundwert. Trittst du dies mit Füßen, hast du eine Sünde wider den Geist begangen.

Dann kann dir auch der Himmel nicht helfen, weil er den, über allem stehenden freien Willen, aushebeln würde."

Befolge die Gebote des Himmels

„Sie sind keine Verbote, sondern sinnreiche Leitplanken für das menschliche Leben! Verinnerliche das und gib sie als Solche weiter. Es sind Empfehlungen aus sehr hohem Wissen.

Folgst du deinen eigenen Vorstellungen, erfährst du die Nebenwirkungen. Das nennt sich dann schmerzvolle Erfahrungen machen.

Beschwere dich also bei dir selbst und nicht bei Gott, wenn dir Erfahrungen in der Wiederholung Schmerzen bereiten. Der Himmel hat dir gesagt, wo es längst geht. Du selbst bist davon abgewichen."

Vermittle Mut zum Glauben

„Du versuchst doch schon, Mut zum Leben anzustoßen. Wie denkst du darüber, wenn du ergänzend den Glauben an sich mehr vermitteln würdest?"

„Ja, du hast recht. Das habe ich lange nicht so getan. Beides gehört auf jeden Fall zusammen."

„Also vermittle doch gleichzeitig Glaube und den Mut zum Leben. Vielleicht hattest du unlängst noch nicht den Glauben für dich selbst im Fokus?"

„Wenn du es so sagst, ja, ich denke so war's."

„Aber denke immer daran: Je mehr du an Glauben gewinnst, je mehr gehst du in die Verantwortung."

Der Tod ist Erlösung von verhärteten Ansichten

„Als einfaches Beispiel betrachte ein Buch. Manche Menschen lesen ein Buch nicht immer bis zum Ende, weil sie aus ihrer sogenannt entwickelten Fähigkeit der Vielleserei vielleicht meinen, das Ende sowieso schon zu kennen.

„Dein Beispiel zündet bei mir gerade nicht, Jonas."

„Nun, Ich sagte dir bereits, dass Menschen Erfahrungen machen und aus diesen Erlebnissen ihre weiteren Handlungen ableiten. Du machst es nicht anders."

„Das weiß ich auch. Allerdings sehe ich da nichts Ungutes. Also was möchtest du mir vermitteln?"

„Kommen wir also direkt zur Sache. In deinem Erdenleben durchläufst du viele Erfahrungen. Diese dienen zur Vervollkommnung deines Inneren. Eine Lehrzeit, sozusagen."

„Sehe ich auch so."

„Allerdings ist nicht alles dienlich für deine innere Entwicklung."

„Was meinst du mit *dienlich*?"

„Es lagern sich ungute Dinge ein, die dich eher blockieren als fördern."

„Was könnte blockierend wirken?"

„Wieder ein Beispiel: Du gerätst als Frau immer wieder an Männer, die zur Gewalt neigen und ziehst den Schluss daraus, dass Männer einfach so sind.

Also meidest du schlussendlich den Kontakt zu Männern, weil sie eben alle gleich sind; so deine Meinung."

„Klar, würde ich auch so machen. Wer will den immer gleichen Schmerz aushalten?"

„Jetzt kommt die Aufklärung: Diese eben beschriebene Erfahrung landete in einer Wiederholungsschleife. Daraus resultierte eine Vermeidungsstrategie. Aber diese Strategie ist nicht förderlich, sondern behindert letztlich. Behindernd wirkt hier die Annahme, ich kann Schmerz vermeiden, also mache ich keine Bekanntschaften mehr, basta."

„Ist das eine verhärtete Ansicht, Jonas?"

„Richtig. Es kommt nicht mehr zu einer neuen Ansicht darüber, weil angenommen wird, dass eine erneute Schmerzerfahrung droht.

Also erscheint die einmal ergriffene Strategie zur Schmerzvermeidung als die bessere Wahl. Somit bleiben neue Erfahrungen mit diesem Problem aus. Damit geht eine Ansicht in eine Verhärtung. Verhärtung deshalb, weil sie nicht mehr verlassen wird. Egal, wie andere darüber denken. Überzeugen kann man dann kaum noch."

„Kommen die verhärmten Gesichter dabei heraus?"

„Könnte man so sehen. Du hast in deinem Buch: Lass uns eine Brücke bauen, damit schon Berührung gehabt. Dein Freund Heinrich, dem du helfen wolltest von seiner festgefahrenen Ansicht über seine Schwester wegzukommen, hat dich enorm viel Kraft gekostet. Er ließ sich noch überzeugen von seiner destruktiven Wut gegen seine Schwester loszukommen.

Viele schaffen es nicht mehr, vergrämen, werden ungenießbar und lernen in ihrem Leben nicht mehr.

Das ist dann, wie im Beispiel, ein nicht zu Ende gelesenes Buch, weil ja das Ende vermeintlich schon bekannt ist. Die erneute, noch tiefergehende Vergrämung daraus ist dann auch noch die Bestätigung dessen!

Sofern die Zeit, die jeder Mensch hat, nicht gut genutzt wird, macht ein Leben in der Verhärtung keinen wirklichen Sinn in Punkto Entwicklung. So wird dahingelebt, aber nicht mehr erfahren. Der Tod wird nicht flugs darauf eintreten, das meine ich damit nicht. Aber es macht dir klar, was damit gemeint ist.

Eine Verhärtung allein aufzulösen ist selten möglich, besonders bei älteren Menschen die vielfach meinen, genug Erfahrungen zu haben und ihnen eine Art Besserwisserei damit zusteht. Aber sie sind eben nur in der Verhärtung gelandet. Mehr ist da vielfach nicht. Der Tod versetzt die Seele, eine Art Reset-Knopf, wenn ich das mal so salopp sagen darf, zu drücken. Du fängst dann neu an. Ohne vorangegangene Belastungen aus dem Vorleben."

„Hier hast du aber nur die Verhärtungen angesprochen, Jonas."

„Ja, klar, aber darum ging es dir doch gerade, oder? Es hat noch weitere Gründe zum menschlichen Tod, wie zum Beispiel ein verschlissenes Menschenkleid, und so weiter. Aber das war eben nicht das Thema."

Wer viel redet, weiß nicht viel. Wer weiß, redet nicht viel

Schon Sokrates hat sich damit beschäftigt, und schrieb dazu **die drei Siebe** als Filter auf.

Einst kam ein Bürger zu Sokrates und wollte ihm Wichtiges mitteilen:

„Sprich Bürger, aber wende zuerst meine drei Siebe für das an, was du zu berichten hast."

Der Bürger schaute verdutzt und sagte: „Aber es ist wichtig, mein Gelehrter!"

„Schauen wir zuerst, ob dein Bericht der Wahrheit entspricht."

„Genau weiß ich es nicht. Ich habe da ein Gespräch mitgehört."

„Ist das, was du zu berichten hast, etwas Gutes?"

„Nein, ich denke nicht, dass das, was ich gehört habe, gut ist."

„Ist es notwendig, dass ich es erfahre?"

„Na ja, nicht wirklich."

„Dann belaste mich nicht damit, sagte Sokrates zum Bürger."

Jonas mahnt:
Es geht um **Wahrheit, Güte und Notwendigkeit.**
Erfüllt deine Mitteilung diese drei Punkte nicht, ist sie unwürdig mitgeteilt zu werden.

Kämen die drei Siebe von Sokrates mehr in Anwendung, wäre die Welt in eine erholsame Stille gehüllt, denn die meisten Gespräche wären einfach überflüssig.

Achte darauf, Vereinbarungen einzuhalten

„Ich teile das einmal ganz grob in zwei Bereiche auf. Im Geschäftlichen sollten gut definierte Abmachungen (Verträge) zur Anwendung kommen, egal ob es um einen Betrieb selbst oder eine Anstellung darin betrifft.

Klare Abmachungen vermindern Querelen. So sind zum Beispiel Mehrleistungen klar definierbar und dann auch beiderseits gut handhabbar.

Im privaten Bereich kommt Ähnliches zum Tragen. Klare Abmachungen und eine gute Portion Disziplin können auch hier Querelen vermeiden helfen."

„Du hast im Grunde Recht, Jonas. Aber einfach umsetzbar ist es nicht."

„Was geht dir da quer?"

„Man ist im beruflichen Bereich abhängig, ganz einfach. Da kann man nicht einfach nein sagen."

„Wenn zum Beispiel über eine Mehr-leistung nachgedacht wird, verstehe ich deine Haltung nicht, denn es gibt doch klare Abmachungen, oder?"

„Ja schon, aber ich habe etwas genau zu der Zeit vor, wo ich Überstunden schieben soll."

„Ich kann mir nur vorstellen, dass du zwar eine Abmachung hast, die klare Aussagen zu diesem Thema macht, du sie aber nur einhalten möchtest, wenn es dir gut in den Kram passt?"

„So hart kann man das nicht sagen, Jonas."

„Ach so. Dann weiß ich vielleicht nicht, was Abmachungen sind."

„Ich will schon mehr arbeiten, aber ich kann doch nicht. Bitte versteh das."

„Ich verstehe nur EINES: Du hältst Abmachungen nicht ein, oder nur dann, wenn du es willst. Oder sie sind nur vage ausgelegt. Dann bessere das nach!

Dein obiges Herumdrucksen deinerseits nenne ich klar einseitige Auslegung von Abmachungen."

„Vielleicht hast du recht."

„Das glaube ich auch. Gehe keine Abmachungen ein, wenn du nicht dahinterstehst. Mehr gibt es dazu nicht zu sagen, mein Lieber."

Auch hier nenne ich das dann schmerzvolle Erfahrungen machen."

„Und wie ist es im privaten Sektor?"

„Nicht ein Deut anders. Auch deine sogenannte Abhängigkeit ist hier Unfug. So etwas auferlegt man sich selbst.

Im privaten Bereich sollte es zum Beispiel auch Abmachungen geben, die jeder einhalten sollte. Das hat etwas mit Eindeutigkeit, Glaubwürdigkeit und Verlässlichkeit zu tun.

In beiden Bereichen ist ohne Mühe feststellbar, wem du deine Zeit widmest. Den Leidenschaften, die dich zu verführen drohen und damit Abmachungen untergraben, oder den festgefügten Vereinbarungen, die Harmonie walten lassen?

Du hast die Wahl. Auch über die Folgen, wenn du von Abmachungen abweichst."

Bleibe bei Gott, dann bist du bei dir

„Glaubensfestigkeit ist die Grundlage dafür. Aber verwechsle das nicht mit der Stärkung deines Egos! Damit würdest du dich selbst belügen! Eine Lüge wirkt immer wie ein Schneeball. Sie löst eine Lawine aus, die nur dich selbst begräbt.

Weise der Glaubensfestigkeit also eine große Wichtigkeit zu, sonst stellst du dich Verführungen anheim, und suchst dann nach Schuld, die gerne anderen zugeschoben wird.

Verinnerliche dies dazu: Die Suche nach Sündenböcken ist von allen Ablenkungsmanövern die einfachste…

Du musst das nicht mehr unterstützen."

Wunschlosigkeit führt zur inneren Ruhe

„Eine nicht freiwillige Wunschlosigkeit ist schwer lebbar, weil innere Widerstände dagegenstehen. Diese Form braucht lange für eine tiefe Einsicht. Ich möchte das mit einer Zwangskastration vergleichen. Ja, danach ist man vielleicht wunschlos. Aber gewollt war das nicht.

Wunschlosigkeit aus eigener Einsicht hat freie Bahn und kann sich ausleben. Sie hat nicht die Last von Schuldzuweisungen.

Beide Formen führen zur selben Betrachtung. Wünsche sind Hürden, die jeder überwinden muss. Mit Gottvertrauen kann man da hineinwachsen.

Gehe also jeder weiter seinen Weg in der Liebe des Himmels, auch wenn er selten geradlinig verlaufen wird."

Was kann ich aus unserem heutigen Gespräch als Leitfaden mitnehmen, Jonas?

„Brenne aus freien Stücken für den Himmel. Kritisiert, oder belächelt jemand deinen Glauben, dann rechtfertige dich nicht. Es steht jedem unumwunden zu, eine eigene Meinung darüber zu haben. Lass also jedem seine Sicht auf das Leben, oder was auch immer darunter verstanden wird. Der Himmel steht uns nie im Wege und bleibt auch auf den weitläufigsten Umwegen ein liebevoller Begleiter. So schwer es manchmal auch zu verstehen ist.

Du hast dich bereits sehr viel mit mir ausgetauscht und bist nicht mehr sicher, ob dein Tun vordergründig noch im Erklären des Himmels liegt.

Mehr und mehr spürst du, dass das nicht dein wirklicher Weg bleiben wird.

Reihe dich also in den Bemühungen der vielen Experten über dieses Thema nur noch bedingt, und wenn ja, in äußerster Klarheit ein! Aber egal, wie und was du in diesem Sinne anstrengst, es wird die Liebe der Schöpfung nicht wirklich in Begriffe fassen können. Das allumfassende Geschehen der Einheit auf der großen Bühne des Lebens bleibt für Menschen unergründbar.

Du warst wenig begeistert als ich sagte, dass es vom Himmel keinen Auftrag gibt. Schnell wurde dir aber klar, dass die Liebe gar keine Erklärung durch einen Auftrag braucht. **Sie ist. Und das genügt.** Erfahren kann sie ohnehin nur jeder für sich allein.

Wer versucht sie zu erforschen, wendet sich schon von ihr ab und geht aus Zweifel auf Erklärungssuche. Diese Abwege führen weg von der Reinheit der Liebe. Sie zeigt sich auch ohne Mühe jedem auf individuelle Weise und kann vorbehaltlos angenommen werden, wie sie ist.

Suchen und forschen heißt auch, unzufrieden zu sein mit dem, was bereits ist. In der klassischen Wissenschaft ist das unabdingbar, schon klar.

Für das Schöpfungsgeschehen gelten andere Prinzipien.

Du findest dich auf Erden mehr und mehr in die Rolle eines Beobachters ein, auch weil dich elementare Entscheidungen in hohen Schöpfungsfragen sehr beschäftigen. Dort möchtest du gerne mehr wirken.

Doch solange du noch im Mensch-Sein verweilst, ist dies nur bis zu einem gewissen Grad möglich. Den Himmel, und mich als deinen Begleiter freuen deine Gedanken dazu. Allerdings kann das für dich ein gefahrvolles Feld sein, weil auf diesem Wege ganz spezielle Verführungen lauern, denn deine derzeitige Kapazität könnte diese nicht schnell genug als Solche lokalisieren.

Sie sind nicht vergleichbar mit den Abwegen, die jedem Menschen sonst begegnen, weil du dich aus dem Gefühl der Unterforderung heraus in frustrierender Langeweile wiederfinden könntest und dann nach Herausforderungen suchst.

Abweichend Einflussnehmende, die dich vom Ziel abbringen wollen, warten nur darauf.

Sei jederzeit sehr wachsam in dir, besonders wenn du diesen Weg schon beginnen möchtest.

Bleibe auf Erden auf jeden Fall bei dem, was du schon praktizierst. Sage offen, wenn du etwas nicht weißt. Es ist keine Schande nicht alles erklären zu können.

Noch ein freundschaftlicher Hinweis

„Wende dich nicht einem Medium oder Spiritisten zu, denn du wirst durch sie verunreinigt werden. Ich bin der Herr, dein Gott."

3. Buch Mose, Levitikus 19,31

Danke für deine Zeit

Meine größte Freude wäre es, wenn du dem Gespräch mit Jonas etwas für dich entnehmen konntest. Vielleicht hast du ein paar Minuten, um dort, wo du dieses Büchlein erworben hast ein paar Zeilen hineinzuschreiben.

Auf meiner Webseite:

www.gespräche-mit-jonas.de

freut sich auch mein Gästebuch auf dich :)

Wolfgang Nicolaus